BEI GRIN MACHT SICH IHR WISSEN BEZAHLT

- Wir veröffentlichen Ihre Hausarbeit, Bachelor- und Masterarbeit

- Ihr eigenes eBook und Buch - weltweit in allen wichtigen Shops

- Verdienen Sie an jedem Verkauf

Jetzt bei www.GRIN.com hochladen und kostenlos publizieren

Kai Zimmermann

Buchrezension zu "Spannungsfelder der Krisenintervention" von Claudius Stein

GRIN Verlag

Bibliografische Information der Deutschen Nationalbibliothek:

Die Deutsche Bibliothek verzeichnet diese Publikation in der Deutschen National-
bibliografie; detaillierte bibliografische Daten sind im Internet über http://dnb.d-
nb.de/ abrufbar.

Impressum:

Copyright © 2013 GRIN Verlag GmbH
Druck und Bindung: Books on Demand GmbH, Norderstedt Germany
ISBN: 978-3-656-54150-9

Dieses Buch bei GRIN:

http://www.grin.com/de/e-book/264483/buchrezension-zu-spannungsfelder-der-
krisenintervention-von-claudius

GRIN - Your knowledge has value

Der GRIN Verlag publiziert seit 1998 wissenschaftliche Arbeiten von Studenten, Hochschullehrern und anderen Akademikern als eBook und gedrucktes Buch. Die Verlagswebsite www.grin.com ist die ideale Plattform zur Veröffentlichung von Hausarbeiten, Abschlussarbeiten, wissenschaftlichen Aufsätzen, Dissertationen und Fachbüchern.

Besuchen Sie uns im Internet:

http://www.grin.com/

http://www.facebook.com/grincom

http://www.twitter.com/grin_com

Buchrezension
Spannungsfelder der Krisenintervention
von Claudius Stein

von
Kai Zimmermann

Hochschule Mannheim
Fakultät für Sozialwesen
SS 2013

Inhaltsverzeichnis

I. Einleitung

Das Werk von Claudius Stein wurde 2009 durch die W. Kohlhammer GmbH in Stuttgart veröffentlich und hat die ISBN 978-3-17-020351-8. Das 310 Seiten umfassende Buch ist zu einer unverbindlichen Preisempfehlung von 34,90 € zu erwerben.

Daten zum Autor

Dr. med. Claudius Stein ist Allgemeinmediziner und Psychotherapeut. Als Psychotherapeut widmet er sich dem Spezialgebiet der Katathym Imaginative Psychotherapie, kurz KIP.

Claudius Stein studierte von 1974 – 1980 Medizin an der Universität in Wien. Von 1982 – 1993 folgte die psychotherapeutische Ausbildung in dem Katathymen Bilderleben. Seit 1987 arbeitet Claudius Stein im Kriseninterventionszentrum in Wien, wo er 1999 zum ärztlichen Leiter befördert wurde und 2003 bis heute sogar die Geschäftsführung übernahm. Neben der Geschäftsführung ist Claudius Stein Dozent an der AGKB (Arbeitsgemeinschaft für Katathymes Bilderleben und imaginative Verfahren in der Psychotherapie). Zusätzlich hat Claudius Stein die Mitgliedschaft in mehreren Organisation. Wie unter anderem der Ethikkommission der ÖGATAP, des Vorstandes der Österreichischen Gesellschaft für Suizidprävention und des Wissenschaftlichen Beirates von Imagination, Organ der Österreichischen Gesellschaft für angewandte Tiefenpsychologie und allgemeine Psychotherapie.[1]

Inhaltsangabe des Buches

Im ersten Kapitel führt Claudius Stein den Leser in die historischen Hintergründe der Krisenintervention ein und veranschaulicht diese in einem Schaubild mit dem Titel Wurzeln der Krisenintervention .

Im zweiten Kapitel versucht der Autor den Begriff der „Krise" zu definieren. Noch dazu wird die Entstehung und Bewältigungsprozesse von Krisen in diesem Kapitel thematisiert.

Im folgenden Kapitel stellt Claudius Stein die gängigsten Krisenmodelle vor und widmet sich den angrenzenden Fachgebieten.

Das vierte Kapitel umfasst Gefährdungsmomente im Rahmen von Krisen und wie diese einzuschätzen sind.

---

[1]

http://www.psyonline.at/go.asp?personen_id=14246&sektion=personen&rkarte=webvita&berufsgruppe=pth&bereich_id=9001&subbereich_id=0

Im darauf folgenden Kapitel werden nach einer allgemeinen Einführung zum Thema Methoden der Krisenintervention wichtige Themenfelder der Krisenintervention behandelt. Zum Schluss behandelt Claudius Stein die allgemeinen Rahmenbedingungen für die Krisenintervention und rundet sein Werk mit einem Resümee und einem Ausblick in die Zukunft ab.

Einleitung mit Motivation zur Wahl des Buches

Der Umfang des Gebietes der Sozialen Arbeit ist sehr weit gefächert. Die Arbeit als Sozialpädagoge findet jedoch zum Großteil mit Klienten statt, welche sich nicht selbstständig aus privaten, aber auch beruflichen Problemen heraus helfen können. Somit ist die soziale Arbeit eine problemorientierte Arbeit. Diese Probleme können sich früher oder später durch Krisen äußern. Anders herum können aber auch Krisen zu Problemen führen. Somit kann man sagen, dass man bei der Arbeit als Sozialpädagoge in Kontakt mit Klienten kommt, welche durch ihre Krise oder auch zum verhindern einer künftigen Krise Hilfe benötigen. Somit ist es für Sozialpädagogen unerlässlich sich mit der Thematik der Krisenintervention auseinander zu setzen.

Ein fundiertes Wissen über Krisen, deren Auswirkungen auf den Menschen, sowie ein Grundwissen über die Methoden für die Behandlung von Krisen sind die Voraussetzung für eine hochwertige pädagogische Arbeit. Denn durch dieses Wissen können Krisen beziehungsweise bevorstehende Krisen frühzeitig erkannt werden und professionelle psychologische Hilfe rechtzeitig eingeschaltet werden.

Durch das Verfassen dieser Buchrezension und die damit verbundene differenzierte Arbeit mit dem Werk von Claudius Stein sehe ich die Möglichkeit mein theoretisches Wissen im Bereich der Krisenintervention auszubauen und neue Kenntnisse für meine spätere Arbeit zu sammeln.

II. Hauptteil

Kapitel 1 – Kurze Geschichte der Krisenintervention

Im ersten Kapitel gibt Claudius Stein dem Leser einen kurzen Einblick über die historischen Hintergründe der Krisenintervention und geht somit auf die Wurzeln der Thematik ein. Claudius Stein stellt hier fünf wesentliche Entwicklungstendenzen fest. Auf diesen fünf Entwicklungstendenzen kann man seiner Meinung nach die „aktuelle Theorie und Praxis" (vgl. S. 17) aufbauen. Der Autor benennt diese Entwicklungstendenzen folgendermaßen (siehe auch Abb. 1):

- Trauer und Verlust
- Traumatisierung
- Entwicklungskrise
- Suizidverhütung
- Krise als Auslöser psychischer Störung

Claudius Stein stellt für jede Entwicklungstendenz die Pioniere, sowie die jeweiligen Forschungen und Forschungswege vor und veranschaulicht dies in einer Tabelle (vgl. S. 19)

Kommentar

Claudius Stein stellt anschaulich die Geschichte der Krisenintervention dar und vertieft dies durch Biografien und Forschungen der jeweiligen Pioniere des Faches. Der Aufbau ist klar gegliedert so dass die Geschichte von früher bis heute klar und einfach zu verstehen ist. Um dem Leser das Kapitel ein bisschen zu vereinfachen hat Claudius Stein für jede Entwicklungstendenz einen neuen Absatz vorgesehen, was dem Kapitel eine klare Struktur gibt.

Hilfreich ist zusätzlich die von Claudius Stein angefertigte Tabelle. Sie stellt die Entwicklungstendenzen, Pioniere, Forschungen und Jahreszahlen, sowie den Verweis auf die darauf aufbauenden Kapitel anschaulich dar. So kann sich der Leser auch ohne großes Vorwissen zur Krisenintervention in die Geschichte einfinden und bei Interesse das jeweilige Kapitel nachschlagen und sich somit in die Thematik einlesen.

Kapitel 2 – Definition psychosozialer Krisen

Wie der Name des Kapitels schon sagt versucht Claudius Stein den Begriff der Krise genauer zu definieren. Hierbei gibt er zuerst eine kurze Einführung, was unter einer Krise überhaupt zu verstehen ist, welche Faktoren zu einer Krise führen können und wie sich Krisen äußern können. Claudius Stein beschreibt hier, dass Krisen gleichzeitig eine Gefahr und eine Chance sein können und veranschaulicht diese Äußerung in einem Schaubild. Das Schaubild zeigt die beiden chinesischen Schriftzeichen für Krise. Diese können einerseits Gefahr andererseits aber auch Chance bedeuten. (vgl. S. 21)

Im zweiten Teil des Kapitels widmet sich Claudius Stein der differenzierten Krisendefinition. Hierfür dient ihm als Einführung die Definition von Sonneck (2000, im Buch S.22). Stein baut den Teil des Kapitels auf diesem Zitat auf und versucht dies in seinen Worten widerzugeben.

Der dritte Teil des Kapitels trägt die Überschrift „Faktoren, die zur Entstehung und zum Verlauf einer Krise Beitragen" (vgl. S. 25). Der Autor hat hierfür ein Schaubild erstellt, indem er die sieben Faktoren, welche seiner Meinung nach für das Entstehen und Verlaufen einer Krise verantwortlich sind darstellt. Die Entstehungsfaktoren nennt er: Krisenanfälligkeit, subjektive Bedeutung, Persönlichkeit, Reaktion der Umwelt und Ressourcen. Unter Verlaufsfaktoren beschreibt Claudius Stein den Anlass und die Bewältigungsmöglichkeiten. Diese sieben Faktoren werden in den folgenden Seiten differenziert erläutert und mit Fallbeispielen unterstützt.

Im vierten Teil des Kapitels „Definition psychosozialer Krisen" befasst sich Claudius Stein mit der Thematik der Neurobiologie, Stressforschung und Krise. In diesem Teil werden, wie der Name es schon sagt Neurobiologische Aspekte im Hinblick auf Krisen durchleuchtet. Hierbei geht der Autor darauf ein, wie Menschen versuchen Stress im Gehirn zu bewältigen und welche Gehirnprozesse dafür eine entscheidende Rolle spielen. Noch dazu geht Claudius Stein auf das Panik- und Furchtsystem ein. Diese Systeme werden differenziert erklärt und gegenübergestellt.

Im fünften Teil widmet sich Claudius Stein den Symptomen einer Krise. Hierbei geht der Autor wenig differenziert auf die jeweiligen Symptome ein. Er verweist jedoch auf andere Kapitel im Buch in denen diese noch differenzierter erklärt werden.

Im sechsten Teil befasst sich der Autor mit der Diagnostik und damit, dass eine „akute psychosoziale Krise primär kein krankhafter Zustand" (vgl. S. 41) ist. Folglich ist der Begriff der Krise nicht im ICD-10 oder im DSM IV zu finden. Jedoch können krisenhafte Zustände im Hinblick auf das ICD-10 auch als akute Belastungsstörung (F43.0) und Anpassungsstörung (F43.2) gesehen werden.

Der siebte und letzte Teil des Kapitels befasst sich mit der Salutogenese und den Metaressourcen.

Kommentar

Gliederung

Dadurch dass fast jeder Teil des Kapitels mit einem Zitat beginnt, schafft es Claudius Stein Struktur in das Kapitel zu bringen. Diese Struktur hilft dem Leser durch das Kapitel zu finden. Durch die Einfachheit der Zitate hilft es zusätzlich in einen neuen Teil herein zu finden, da man anhand des Zitats den Inhalt schon vorahnen kann.

Sprache

Das zweite Kapitel ist sehr umfangreich. Trotz diesem großen Umfang schafft es der Autor auch schwierige Themen klar und verständlich zu formulieren. Durch die verständliche Formulierung ist des auch für Menschen mit wenig Erfahrung im Bereich der Psychologie möglich zu verstehen, was der Autor damit möchte.

Allgemein

Unterstützt wird das Kapitel durch gut dosierte und anschauliche Schaubilder und Beispiele. Diese helfen dem Leser schwierige Themen zusätzlich ein bisschen zu vereinfachen. Was jedoch oftmals auffällt ist, dass diese Schaubilder und Beispiele den Textfluss des Kapitels unterbrechen und somit stören (Bsp. S. 31 ff. Thema Coping – Abwehr – Ressourcen). Gerade bei interessanten Thematiken sind diese manchmal mehr störend. Um dies zu verhindern wäre es für den Leser einfacher, wenn diese Schaubilder und Beispiele am Ende des Themas und nicht mittendrin gezeigt werden würden.

Absätze sollen den Leser dazu bringen ihm das Lesen zu vereinfachen und das gelesene zu verarbeiten. Umso auffälliger ist es, dass gerade bei einer schwierigen Thematik wie der Neurobiologie, welche zusätzlich viele Fremdwörter beinhaltet, so wenige Absätze gezogen werden, weil es gerade hier wichtig ist den Leser auch an anspruchsvolle Themen heranzuziehen.

Ansonsten hat Claudius Stein mit dem Kapitel der „Definition psychosozialer Krisen" ein gut zu verstehendes Grundwissen zum Thema Krisen formuliert. Ich denke, dass es das Ziel des Autors war dem Leser durch dieses Kapitel die Möglichkeit zu geben sich Basiswissen anzueignen.

Kapitel 3 – Krisenmodelle

Dem dritten Kapitel gibt Claudius Stein die Überschrift „Krisenmodelle". In der Einführung des Kapitels verweist der Autor auf das zuvor gelesene Kapitel, um dem Leser damit zu zeigen wie „äußerst vielschichtig" (vgl. S. 47) Krisen sind. Im dritten Kapitel stellt Claudius

Stein die gängigsten Krisenmodelle vor. Sein Ziel ist es hierbei eine gewisse Struktur in die „theoretische Vielfalt" (vgl. S. 47) herein zu bringen. Zusätzlich durchleuchtet der Autor diese Krisenmodelle kritisch.

Der erste Teil des Kapitels beginnt mit dem Verlust. Der Autor gibt hier eine kurze Einführung zum Thema Verlust und Verlustkrise. Seiner Meinung nach gehören Verluste zu den „schmerzlichsten Erfahrungen, die Menschen machen müssen" (vgl. S. 49). Claudius Stein betont in diesem Teil auch klar, dass Trauer und Verlustkrise nicht gleichgesetzt werden dürften. Ein Trauerprozess kann zu einer Verlustkrise führen. Doch um dies zu vertiefen stellt er die Definition der Trauer von Freud (1917) und Bowlby (1983) vor und vergleicht sie. Im nächsten Schritt stellt Claudius Stein die Trauerprozesse nach Kast (2000) und Bowlby (1980) vor und stellt diese in einem Schaubild gegenüber. Um den „Prozess der Trauen" noch mehr zu verdeutlichen visualisiert er die R-Prozesse der Trauer nach Rando (2003). Im darauf folgenden Schritt stellt Stein die Phasen der Traumatischen Krise nach Cullberg (1978).

Dem nächsten Teil des Kapitels gibt er den Namen „Lebensveränderungen". Dies versucht Stein am Anfang des Kapitels zu definieren. Seiner Meinung nach spricht man von Lebensveränderungskrisen, „wenn Ereignisse des üblichen Lebensverlaufes wie das Verlassen des Elternhauses, Umzug, Arbeitsplatzwechsel, Heirat oder die Geburt eines Kindes zum Krisenauslöser wird." (vgl. S. 60)

Im folgenden Schritt beschreibt Stein die sechs Phasen der Lebensveränderungskrise, welche erstmals von Caplan (1964) beschrieben wurden. Nach jeder Phase gibt der Autor ein Fallbeispiel.

Im dritten Teil des Kapitels nennt Claudius Stein „Über- bzw. Unterstimulierungskrisen". Hierbei unterscheidet er diese zwei Reaktionstypen von Krisen. Zuerst beschreibt er die Überstimulierungskrisen, bei der ein Mensch, seiner Meinung nach von „der Intensivität seiner Gefühle überschwemmt" (vgl. S. 64) wird. Bei der Unterstimulierungskrise bleiben die betroffenen ruhig und unbemerkt.

Der vierte und letzte Teil trägt die Überschrift: „Angrenzende Gebiete – Differenzierungen – Überschneidungen". Es beinhaltet Entwicklungskrisen, akute Traumatisierung, das Burnout-Syndrom, die Narzisstische Krise und den Psychiatrischen Notfall.

Bei der Kategorie der Entwicklungskrisen stellt Stein das Konzept von Erikson (1966, 1973) vor.

Bei der Thematik der akuten Traumatisierung steigt der Autor mit den geschichtlichen Hintergründen ein. Im nächsten Schritt versucht Claudius Stein die akute Traumatisierung zu definieren. Einen großen Teil widmet er den Symptomen. Hier geht Stein differenziert auf die verschiedenen Symptome ein und erläutert die drei Phasen der traumatischen Verarbeitung: Schockphase, Einwirkphase und die Erholungsphase.

Auch beim Burnout-Syndrom versucht Claudius Stein zum Anfang Burnout zu definieren. Hierbei spricht er bei der Entstehung eines Burnout-Syndroms von einer „multifaktoriellen, langanhaltenden Belastung bzw. Überlastung" (vgl. S. 80). Des weiteren beschreibt Stein die Symptomatik, welche Warnsignale es gibt um dem Burnout zu entgehen, welche Belastungen zu Burnout führen können und stellt zum Schluss den Burnout-Zyklus von Freudenberger und North (1992) vor (vgl. S. 87).

Die Narzisstische Krise nimmt nur einen kleinen, aber nicht unbedeutenden Teil im Kapitel ein. Claudius Stein verweist hier auf Henseler, welcher diesen Begriff geprägt hat. Hierbei geht der Autor auch auf die Psychodynamik der narzisstischen Krise nach Henseler (1984) ein.

Beim Teil des psychiatrischen Notfalls stellt der Autor gleich klar, dass ein psychiatrischer Notfall nicht mit einer akuten psychosozialen Krise gleichzusetzen ist. Zur Verdeutlichung gibt Stein dazu noch ein Schaubild (vgl. S. 93). Zusätzlich wird auf Schlüsselsyndrome des psychiatrischen Notfalls eingegangen und das Kapitel mit einer kleinen Zusammenfassung dazu beendet.

Kommentar

Gliederung

Das Kapitel ist zwar klar und verständlich gegliedert, jedoch für Anfänger im Bereich der Psychologie schwierig zu strukturieren. Es bietet einerseits einen sehr ausführlichen Überblick über die verschiedenen Krisenmodellen, verwirrt aber auch andererseits durch seine enorme Fülle an unterschiedlichsten Modellen. Meiner Meinung nach ist es sehr verwirrend, dass sich manche Modelle überschneiden (vgl. S. 51 ff. Thema Trauerphase). Jedoch schafft es Claudius Stein hier durch sinnvoll gestaltete und gut verständliche Schaubilder, gerade für Anfänger auf dem Gebiet, die verwirrenden Thesen und Phasen leicht und einfach zu veranschaulichen.

Zusätzlich gibt Claudius Stein nach jedem Teil des Kapitels Fallbeispiele aus seiner eigenen Erfahrung. Dies ist gerade für Leser, welche noch keine langjährigen Erfahrungen im Bereich der Krisenintervention machen konnten, sehr hilfreich. Durch diese Fallbeispiele wird die zuvor beschriebene Theorie für den Leser veranschaulicht.

Sprache

Die Sprache des Kapitels ist leicht und verständlich verfasst. Claudius Stein schafft es hier wieder ein perfektes Spiel zwischen Verständlichkeit und Fachlichkeit zu schaffen, sodass das Lesen für den Leser zwar einfach gemacht wird, dadurch aber keinerlei Fachlichkeit verloren geht.

Allgemein

Zur Einführung in das Kapitel gibt der Autor ein Schaubild über alle im Kapitel besprochenen Themen. Dies gibt dem großen Kapitel Struktur. Vor allem für Leser, welche sich nur einen Teil des Kapitels interessieren ist dies sehr hilfreich und sinnvoll, dass diese Tabelle auf einen Blick den Inhalt des Kapitels zeigt.

Wie schon beschrieben sollen Absätze dem Leser die Möglichkeit geben das zuvor gelesene zu verarbeiten. Im Gegensatz zum letzten Kapitel schafft es Claudius Stein hier sinnvolle Absätze zu ziehen. Die Absätze sind überdacht und geben jeder Thematik Struktur. Leider fehlen mir persönlich gerade bei den Fallbeispielen, welche schon mal eine ganze Seite einnehmen können, die Absätze. Sie werden zwar durch ihre kursive Schrift deutlich hervorgehoben schrecken aber meiner Meinung nach durch ihre wenige Absätze den Leser vor dem lesen ab.

Claudius Stein verweist in diesem Kapitel gerade bei Einführungen und Definitionen häufig auf differenzierte Beschreibungen und Schaubilder im Kapitel. Dies gibt einerseits einen guten Überblick über das Kapitel, andererseits stört dies aber auch den Lesefluss (vgl. S. 47).

Kapitel 4 – Krisen und Gefährdungen

Das vierte Kapitel trägt die Überschrift „Krisen und Gefährdungen". In diesem Kapitel widmet sich Claudius Stein den Gefahren, welche mit Krisen einhergehen können. Zur Einführung gibt der Autor nochmal eine kurze Zusammenfassung der vorherigen Kapitel, um dem Leser den Einstieg in das umfangreiche Kapitel zu erleichtern. Hier versucht er die Fragestellung, wie es zu akuten Gefährdungen in der Krise kommen kann, zu klären.

Nach diesem kurzen Einstieg beschreibt Claudius Stein allgemeine Warnsignale, welche Hinweise darauf geben können, ob das Gefährdungspotenzial in einer Krise zunimmt.

Im darauffolgenden Teil geht Stein differenziert auf das Thema Suizid ein. Hier behandelt er zuerst grundsätzliche Überlegungen und gibt so eine kurze Einführung, sowie Daten und Zahlen, um die Verbreitung von Suizidalität zu verdeutlichen. Durch ein Schaubild der Suizidrate von Jamison (2000) bei verschiedenen Störungsbildern (vgl. S. 104). Dabei weißt der Autor aber darauf hin, dass es keine Krankheiten und keine Umstände gibt, „die zwangsläufig zum Suizid führen" (vgl. S. 104) und klärt daraufhin über die verschiedenen Formen von Suizidalität auf. Im nächsten Schritt erklärt Claudius Stein, wie Suizidalität einzuschätzen ist und stellt sich danach die Frage, wie man auf suizidale Menschen Reagieren kann. Er rundet das Thema mit der Psychodynamik im Hinblick auf Suizidalität diese Thematik ab.

Dem nächsten Teil gibt Claudius Stein den Namen „Fremdgefährdung und Gewalt". In diesem Teil des Kapitels deckt Stein das Zusammenspiel zwischen Gewalt und Krise auf, indem er als erstes darauf eingeht, wie Gewalt überhaupt entsteht und wie Gewaltgefahr einzuschätzen ist. Hierbei benennt er die Risikofaktoren für Gewaltanwendung. Und beendet mit einem Schaubild (vgl. S. 123) zu diesen Risikofaktoren den Teil der Fremdgefährdung und Gewalt.

Daraufhin widmet sich der Autor der komplizierten Trauerphase und stellt hierbei die Konzepte der pathologischen Trauer dar.

Der sechste Teil heißt „Krise, Trauer und Depression" und zeigt, wie eine Krise zur Depression führen kann. Hierbei lässt Stein auch die Diagnosekriterien nach ICD-10 einfließen.

Im darauffolgenden Teil widmet sich Claudius Stein der Thematik „Krise und Angst". Hierbei versucht er differenziert aufzuzeigen wie eine Krise Angstzustände auslösen kann und warum. Er beschreibt Angst als „schützender Affekt" (vgl. S. 134), welcher meist ein Signalcharakter hat. Daraufhin stellt er die drei Angstsymptome von Ermann (2007) vor und erläutert diese.

Im achten Teil beschäftigt sich Stein mit der Thematik der „Krise und Sucht". Hierbei stellt er drei Problemstellungen auf und verdeutlich dies wieder durch ein Schaubild (vgl. S. 137). Zum Abschluss des Teils hat Claudius Stein wieder ein Fallbeispiel zur Thematik.

Der neunte Teil des Kapitels trägt die Überschrift „Krise und psychische Störung". Hierbei stellt Stein von Anfang an klar, dass „Menschen mit psychischen Erkrankungen (...) ein höheres Risiko (haben), durch äußere Belastungen in psychosoziale Krisen zu geraten bzw. äußere Belastungen bekommen häufiger und rascher krisenhaften Charakter." (vgl. S. 140) Er verdeutlicht dies mit einem Fallbeispiel und stellt danach die Besonderheiten der Krisenintervention bei Menschen mit psychischen Erkrankungen vor. (vgl. S. 142)

Im zehnten Teil widmet sich Claudius Stein dem Zusammenspiel von Krise und Psychosomatik. Und behandelt zur Einführung die Fragestellung wie der Körper auf Krisen reagieren kann. Hierbei stellt er Somatische Begleiterscheinungen von Krisen auf, welche von Störungen im Atemsystem über Herz-Kreislaufstörungen bis hin zu Hautproblemen führen können. Daraufhin erklärt Stein welche Funktionen diese körperlichen Reaktionen haben und unterscheidet hierbei zwischen primären und sekundären Krankheitsgewinn. Den Teil der „Krise und Psychosomatik" rundet er mit der Thematik der „Somatopsychischen Aspekte von Krisen" ab, in dem er darauf eingeht, wie körperliche Erkrankungen zu Krisen führen können.

Der letzte Teil des Kapitels trägt den Namen „Krise und soziale Folgen". In diesem Teil widmet Claudius Stein dem Thema, wie soziale Probleme Krisen ausgelöst werden können.

Kommentar

Gliederung

Das Kapitel ist klar und verständlich gegliedert. Durch die Einführung in das Kapitel, sowie durch die Überschrift kann sich der Leser schon gut vorstellen, um welche Thematik es geht. Beim Lesen des Kapitels erkennt man als Leser einen Rhythmus, welcher dem Kapitel auch Struktur gibt. Schaubilder und Fallbeispiele sind gleich verteilt, sodass sich der Leser zu jeder Thematik ein Bild machen kann, wie dies in der Praxis aussieht.

Sprache

Die Sprache ist klar verständlich und nicht hochgestochen. Auch als „nicht-Psychologe" versteht man die Thematik. Claudius Stein schafft es hier sehr gut ein Zwischenmaß zwischen Fachlichkeit und einfacher Sprache zu finden.

Allgemein

Durch die kurze Zusammenfassung zur Einführung ins Kapitel kann sich der Leser, auch ohne die vorherigen Kapitel gelesen zu haben, sehr gut ins Kapitel einfinden.

Beim Lesen dieses Kapitels fallen schnell die vielen Fallbeispiele auf. Diese sind sinnvoll und auch in ihrer Menge sehr gut auf das Kapitel verteilt. Claudius Stein schafft es hier zu jeder Thematik die richtigen Fallbeispiele aus seiner Praxis zu finden, sodass sich der Leser die zuvor gelesene Theorie in der Praxis gut vorstellen kann.

Im dritten Teil des Kapitels stellt der Autor beim Thema Suizidalität auch Daten und Zahlen aus Österreich und der Welt vor (vgl. S. 102 ff.). Diese Daten und Zahlen veranschaulichen die Verbreitung und Art von Suizidalität in der Praxis. Es hilft dem Leser sich eine Vorstellung darüber zu schaffen, wie stark Suizidalität verbreitet ist und welche Formen am meisten angewandt werden.

Kapitel 5 – Methoden der Krisenintervention

Nachdem Claudius Stein einen ausführlichen und differenzierten Überblick über die Thematik der Krisen gegeben hat widmet er sich in diesem Kapitel den Methoden der Krisenintervention. Hierbei stellt er zur Einführung ins Kapitel die Grundlagen der Krisenintervention vor. Er thematisiert hier die Ziele, die Indikationen und die Grundprinzipien der Krisenintervention.

Im zweiten Teil trägt den Titel „Allgemeine Prinzipien der Krisenintervention differenziert nach Krisenformen". Hierbei unterscheidet er zwischen der Lebensveränderungskrise, der Verlustkrise und der akuten Traumatisierung. Claudius Stein gibt einen Überblick über den

Beginn der Intervention, Ziele und Interventionsstil, Fokus und Kooperation. Jeden dieser Punkte durchleuchtet er mit den drei von ihm unterschiedenen.

Jetzt wird es praktisch. Im nächsten Teil stellt der Autor den Ablauf einer Krisenintervention in elf Schritten vor. Hier beginnt er mit der „Herstellung einer tragfähigen Beziehung und emotionale Entlastung" (vgl. S. 162). Claudius Stein betont, dass eine tragfähige Beziehung „die Basis für eine konstruktiv verlaufende Krisenintervention" (vgl. S. 162) darstellt. Der zweite Schritt ist die „Klärung der Situation und Exploration" (S. 167). Beim dritten Schritte steht die vorläufige „Situationsbeurteilung" (vgl. S. 172) im Mittelpunkt. Wurde die Situation beurteilt ist der vierte Schritt die „Problemdefinition" (vgl. S. 173) . Im fünften Schritt geht es an den „Kontrakt" (vgl. S. 173). Hierbei werden „Inhalt, Sinn und Ziel der Zusammenarbeit besprochen" (vgl. S. 173), bevor es im sechsten Schritt an die „Problembewältigung" (vgl. S. 176) geht. Der siebte Schritt einer Krisenintervention ist das „Einbeziehen der Angehörigen und des sozialen Umfelds" (vgl. S. 180). Als achten Schritt beschreibt Claudius Stein die „Direkte Unterstützung und Vermittlung instrumenteller Hilfen" (vgl. S. 181). Hierbei unterscheidet er zwischen der Mediation, dem Krankenstand, der Fremdunterbringung, der Krankenhauseinweisung und sonstigen direkten Hilfen. Den neunten Schritt nennt der Autor „Spezielle Interventionsmethoden" (vgl. S. 186). Diese speziellen Interventionsmethoden können für spezifische Probleme angewandt werden. Im nächsten Schritt der Krisenintervention geht es an den Abschluss. Claudius Stein macht dabei darauf aufmerksam, dass eine Krisenintervention „nach fünf bis maximal zehn Sitzungen abgeschlossen" (vgl. S. 201) wird. Dem elften und letzten Schritt gibt Claudius Stein die Überschrift „Krisenintervention und Psychotherapie" (vgl. S. 204). Hierbei verweist er darauf dass nach Abschluss einer Krisenintervention eine Psychotherapie meist sinnvoll ist.

Im vierten und letzten Punkt des Dritten Kapitels behandelt Claudius Stein die „Anwendungen der Krisenintervention". Hierbei stellt er die Interventionsschwerpunkte zu unterschiedlichen spezifischen Problemstellungen dar. Er unterscheidet dabei zwischen zwölf spezifischen Problemstellungen in der Krisenintervention. Der Intervention nach dem Tod nahestehender Menschen (vgl. S. 207), nach Trennung und Scheidung (vgl. S. 217), bei schwerer körperlicher Krankheit (vgl. S. 221), nach akuten Traumatisierungen (vgl. S. 225), in akuten Phasen eines Burnout-Syndroms (vgl. S. 234), bei Arbeitslosigkeit (vgl. S. 238), bei akuter Suizidalität (vgl. S. 243), bei drohender Gewalt und nach Gewalthandlungen (vgl. S. 252), bei Alterskrisen (vgl. S. 260), bei Krisen Jugendlicher (vgl. S. 267), bei Intervention mit Paaren (vgl. S. 273) und bei Telefonischer Krisenintervention (vgl. S. 277). Zu jedem von diesen spezifischen Problemstellungen gibt der Autor zum Anfang eine kurze Einführung über die Thematik, sowie Grundregeln und Besonderheiten der Intervention.

Kommentar

Gliederung

Das Kapitel ist strukturiert gegliedert. Die vorgegebene Struktur erleichtert es dem Leser das Verständnis der Thematik. Jedoch ist das Kapitel im Vergleich zur Struktur des gesamten Werkes sehr lang. Durch die länge des Kapitels wirkt es oberflächlich gesehen sehr überwältigend und abschreckend. Berücksichtigt man die länge des Kapitels ist es dem Autor zwar gut gelungen, jedoch unterscheidet sich die Struktur zu anderen Kapiteln, sodass man sich hier erst zu recht finden muss. Hat man sich der Leser aber in das Kapitel eingelesen ist es einfach zu überschauen.

Auch in diesem Kapitel wird in jede Thematik mit einem sinnvollen und logischen Zitat eingeführt. Dies unterstützt die Struktur des Kapitels und gibt dem Leser vor dem Lesen einen Vorausblick über das danach behandelte Thema.

Die Fallbeispiele sind sinnvoll eingesetzt und helfen dem Leser sehr gut das theoretische Wissen in praktischen Beispielen zu vertiefen. Da jede Thematik eigene Fallbeispiele enthält erkennt man, dass es dem Autor wichtig war, dass jedes Thema durch praktischen Background abgerundet wird.

Sprache

Die Sprache unterscheidet sich nicht von den anderen Kapiteln. Sie ist einfach und verständlich formuliert und doch fachlich. Man fühlt sich bei Leser zu keiner Zeit über- oder unterfordert, sodass man auch beim Lesen dieses Kapitels, außer das Grundwissen der vorherigen Kapitel, kein großes Hintergrundwissen benötigt, um den Inhalt des Kapitels zu verstehen.

Allgemein

Die Einführung ist durch das thematisieren der Grundlagen sehr sinnvoll. Es gibt dem Leser schon am Anfang eine Basis und Struktur, welche sich durch das komplette Kapitel zieht.

Die regelmäßigen Schaubilder und Tabellen, welche das zuvor erklärte in wenigen Worten nochmal kurz erklären, sind gerade für Anfänger im Bereich der Krisenintervention sehr hilfreich, da sie kurz und verständlich die zuvor gelesene Thematik und Übersicht vereinfachen und somit verinnerlichen.

Kapitel 6 – Rahmenbedingungen der Krisenintervention und Ausblick

Claudius Stein bringt im letztes Kapitel seines Werkes seine eigenen Gedanken zum Thema Krisenintervention ein. Dies teilt er in zwei Teile auf. Im ersten Teil spricht Claudius Stein über die Standards, welche es im Bereich der Krisenintervention geben sollte. Hier spricht er vor allem von der nötigen Niedrigschwelligkeit, der organisatorischen und räumlichen Unabhängigkeit zwischen psychiatrischen Einrichtungen und Kriseninterventionseinrichtungen, sowie von der nötigen Freiwilligkeit der Mitglieder, der gleichberechtigten Arbeit und der Öffentlichkeitsarbeit im Bereich der Suizidalität, des Trauma und der Krise.

Im zweiten Teil gibt Claudius Stein einen Ausblick auf die Zukunft im Bereich der Krisenintervention. Seiner Meinung nach stellt der „Gesellschaftliche Wandel in den Industrienationen (...) zunehmende Anforderungen an die Leistungsfähigkeit, Flexibilität und damit an die psychosoziale Stabilität des Individuums" (vgl. S. 285). Er geht davon aus, dass sich durch die ökonomischen Probleme in Zukunft die Schwierigkeiten des Menschen rasch auf gleich mehrere Lebensbereiche verteilen. Dadurch werden Krisen, nach seiner Meinung „oft komplizierter und komplexer. Noch dazu geht Stein auf die derzeitige politische Lage ein. Ihm wird seiner Meinung nach von Seiten der Politik nur wenig Bedeutung zur Thematik der Krisenintervention geschenkt. Aufgrund dessen sind viele Krisen Interventionseinrichtungen unterbezahlt. Jedoch zeigen Zahlen und Daten zur Suizidrate, dass Kriseninterventionszentrum heutzutage nicht mehr wegzudenken sind.

Kommentar

Claudius Stein schafft es im letzten Kapitel einen wunderbaren Abschluss zu finden. Er zeigt einerseits auf, welche Standards es im Bereich der Krisenintervention geben sollte, andererseits wie Krisenintervention in Zukunft aussehen kann.

Es zeigt, dass dem Autor sehr viel an der künftigen Entwicklung von Kriseninterventionszentren liegt. Dieses letzte Kapitel rundet das Werk „Spannungsfelder der Krisenintervention" sehr gut ab. Durch seinen Ausblick auf die Zukunft schafft es der Autor, dass Leser auch nach dem Lesen des Werkes sich weiterhin Gedanken zur Thematik machen.

III. Gesamtfazit

Claudius Stein hat es mit seinem Werk „Spannungsfelder der Krisenintervention - Ein Handbuch für die psychosoziale Praxis" geschafft ein Komplexes Thema wie die Krisenintervention so zu verpacken, dass nicht nur Fachkundige an diesem Buch gefallen finden können und hat dabei auch mit knapp 300 Seiten die richtige Länge gefunden. Fachbücher sind oftmals dick und kraftraubend. Das hier jedoch nicht. Claudius Stein hat es geschafft ein Fachbuch zu schaffen, was nicht langweilig wird und den Leser durch immer neue Thematiken und Fallbeispiele an sich bindet. Durch die übersichtliche Seitenanzahl hat man nie das Gefühl sich im Text zu verlieren. Dies unterstütz auch die klare und verständliche Gliederung. Die Struktur zieht sich durch fast alle Kapitel, sodass sich der Leser gut in das Buch und somit auch in die Thematik einfinden kann.

Beim Lesen fällt auf, dass der Autor Fachbegriffe nicht voraussetzt. Alle verwendeten Fachbegriffe werden einfach und differenziert erklärt. Was aber fachkundige Leser nicht ausschließen soll. Claudius Stein zeigt in diesem Werk, dass einfacher Schreibstil und gleichzeitige Fachlichkeit nicht unmöglich sind.

Nicht nur für Psychologen, sondern auch für Sozialpädagogen bietet das Werk die Voraussetzung um sich theoretisches Grundwissen anzueignen, was gerade für gegenwärtige oder künftige Berater im Bereich des psychosozialen Dienstes elementar ist. Jedoch ist dieses Buch nicht nur Berater im Bereich des psychosozialen Dienstes, sondern für alle pädagogischen Fachkräfte, welche direkt und indirekt mit Menschen zu tun haben. Ein Basiswissen um Krisen und Krisenintervention ist im Bereich der Sozialen Arbeit unumgänglich, um qualitative und adäquate Hilfen zu garantieren.

Gerade für Berufseinsteiger bietet dieses Werk durch seine theoretischen Grundlagen und praktischen Beispielen die Möglichkeit, sich ein Grundwissen über die Thematik anzueignen, denn geht es nach Claudius Stein werden Krisen und somit auch die Intervention immer komplizierter und komplexer.

Durch seine genauen und differenzierten Erklärungen, sowie durch die immer passenden Fallbeispiele und Schaubilder erkennt man, dass Claudius Stein langjährige Erfahrung auf dem Gebiet der Krisenintervention hat.

Der Untertitel des Buches heißt: „Ein Handbuch für die psychosoziale Praxis". Und genau das hat Claudius Stein mit diesem Werk geschafft. Das Buch kann einerseits als Wissenserweiterung verstanden werden, indem man sich einen Überblick über die Thematik der Krisen, sowie der Krisenintervention schaffen kann. Andererseits kann das Buch auch durch seinen übersichtlichen Inhalt als Nachschlagewerk genutzt werden. Und das ist meiner Meinung nach das, was ein Handbuch ausmachen sollte.

IV. Quellenverzeichnis

Literaturverzeichnis

Stein, Claudius (2009): Spannungsfelder der Krisenintervention, 1. Auflage, Verlag: W. Kohlhammer GmbH, Stuttgart

Internetquellen

http://www.psyonline.at/go.asp?personen_id=14246&sektion=personen&rkarte=webv ita&berufsgruppe=pth&bereich_id=9001&subbereich_id=0; **Stand: 27. August 2013**